닿을 듯 말 듯
입시울가배야운소리

모악시인선 032

닿을 듯 말 듯
입시울가배야운소리

조성순 시집

모악

시인의 말

무엇인가 하겠다고 생각했으나
아무것도 이루지 못했다.

다행이다.

2025년 봄
소백산 아래 누옥에서
조성순 삼가

차례

시인의 말　5

1부　가문 날의 토막 일기

어떤 봄　13
말똥굴레　14
고향 말　15
손님　16
가문 날의 토막 일기　17
2021년 가을　18
가을볕과 나　19
급하지 않다　20
두 번째 봄　21
입추　22
떠나는 자와 남은 자　23
잠 못 이루는 밤　24
저녁 무렵　25
썽그런　26
약　27
뉴스　28

2부 불빛

입춘 즈음   31
섭섭히 헤어지다   32
누님   33
귀향   34
어떤 농부   35
고양이   36
가지냉국   37
곤줄박이네 집   38
감자   40
그녀의 나팔꽃   41
무섬소사   42
설거지를 하며   44
아버지의 꽃밭   46
둥근달   48
불빛   49
카바이트 불   50

3부   칸나

방학과 개학   53

섭리   54

복상 한 알   55

아침 인사   56

기쁜 날   58

행복한 날   59

즐거운 날   60

봉정사 영산암   61

방   62

물푸레나무 그릇   64

오줌 바지   66

우수   68

청룡사 석조비로자나불좌상   70

슬픔을 삽니다   72

사슴 가족   73

칸나   74

검은 콩국수   76

4부 귀밑 느티나무

버림받은 개 79

녹지 않는 눈 80

불발탄 81

명상 82

우쉬굴리 84

안치에 가고 싶다 86

작별 88

미륵 89

귀밑 느티나무 90

배진섭 92

너븐숭이 아기동백 94

패랭이꽃 95

간양록 96

동백 결사 98

시간의 숨 99

손가락 총 100

학도병의 책가방 101

입시울가배야운소리 102

해설 경계의 언어 | 최성침 104

1부
가문 날의 토막 일기

어떤 봄

세상에 상처받고
의지가지없이
무너져가는 몸으로
고향집에 왔다.

누군가 보내준
수선화 뿌리를 심어놓고
봄을 기다리고 있다.

한 송이는 필 테지.

말똥굴레

밟히면 문드러지고 쥐어뜯기면 뜯긴 채로 밭두렁 여기저기 산비알 좁은 곳이라도 자리 잡고 꽃을 피우고, 씨앗 맺어 바람에 훨훨 날려 보내는 한살이, 할배는 말똥굴레라 했고 소년은 민들레라 했다. 할배는 가시고 소년도 백발이 되었다. 소년도 이젠 민들레라는 말보다 말똥굴레가 좋다. 말똥굴레를 보면 할배가 뒷짐 지고 웃으며 다가온다. 말똥굴레가 지천으로 핀 곳에 할배와 소년이 함께 있다. 산기슭 밭두둑 옛 터전, 말간 얼골로 말똥굴레는 늙지도 않고 찾아온다.

고향 말

처음 들으면 싸움하는 것 같다. 고조(高調)다. 투박한 말투 속에 정이 무겁다. 느티나무 그늘에서 중늙은이들이 던지고 받는 우스갯소리는 허허바다 넘실대는 윤슬이다. 사람들이 돌아간 밤이면 느티나무는 몸이 흔들리도록 웃는다.

손님

　오랜 가뭄 끝에 비 오시다. 하던 일 그만두고 비 내리는 구경한다. 가을을 즐기려던 국화 분(盆)도 내어놨다. 땅콩밭은 쓰러지고 애써 키운 고추는 떨어진 게 셀 수 없다. 그래도 귀한 손님이 반갑고 고마워 문 열고 한동안 바라본다.

가문 날의 토막 일기

국화 모종을 여러 포기 분(盆)에 심었다. 아기 국화가 자라 꽃을 피워 가을바람에 향기를 놓을 거란 상상을 하니 부자가 따로 없다. 날이 몹시 가물어 국화 돌볼 생각에 멀리 출타를 하지 않으려 한다. 매미 소리 높게 응원한다.

2021년 가을

새로 사귄 벗은 호피무늬 고양이와 마당에 모신 국화 분(盆)이다. 고등어는 구워서 고양이와 나누고 국화 분에 가을을 의탁하려 한다. 뒤란의 감나무는 양철 지붕에 땡감을 보내 안부를 전한다. 이따금 큰 북을 치는 듯이 묻는 통에 자다가 깨어나 감사 인사를 드린다.

가을볕과 나

드디어 이렇게 되었다. 고향 집 처마 밑 봉당에 앉아 가을볕을 쬐며 벌레 먹은 사과를 잘라 말리고, 국화를 돌보고 파릇 돋아나는 쪽파 순을 바라보게 되었다. 그리고 고등어를 구워 고양이와 나눈다. 무엇은 잘했고 무엇은 못했고는 없다. 높은 데 오르기 위하여 손바닥을 비비지 않은 것, 넥타이를 힘주어 매지 않은 것, 정치인 친구가 없다는 것은 그나마 잘한 일이다. 으스대거나 잘난 척하지 않는다는 건 조금씩 깊어가는 계절에 대한 예의요, 그의 벗이 될 수 있는 밑천이다.

급하지 않다

일하러 가는데 전화가 왔다. 통화가 끝나고 생각 없이 그냥 봉당에 앉았다. 햇살이 좋고 닥나무 숲에선 참새 떼가 재재거린다. 구름은 느리게 세상을 구경하고, 잎 떨어지는 감나무에는 주홍빛 감이 어서 오라고 손짓한다. 내 일이야 감졸기를 들고 허공과 다투는 것, 승부는 내일 가려도 된다. 게으른 자의 가을 나절은 만큼이 싸다.

---
*감졸기: 감 따는 도구. Y자(字) 모양의 장대에 천으로 주머니를 달아 감을 딸 수 있게 만듦.

두 번째 봄

옛집 뜨락에 봄이 와 처마 밑 봉당에 앉아 수선화 완상할 제, 아기 참새 한 마리 어깨에 앉아 뭐라 지저귀네. 실바람이 성근 머리를 빗질하고, 가슴엔 고요가 머물러 먼 데 산이 다가와 새암을 내니 외롭지만은 않고, 가던 봄 돌아와 안부를 전하니 무량한 햇살 받으며 감사 인사를 드리네.

입추

  폭염 끝에 소낙비 한 차례 내리시다. 옮겨 심은 국화 분(盆)에 하늘의 사랑이다. 피기 전 가붓한 국화 향기 마당에 그득하다. 구시월 꽃이 피면 벌나비가 춤추고, 마당은 웃고, 나는 잠시 국화가 될 것이다.

떠나는 자와 남은 자

 누이와 여동생이 와서 함께 벌초를 했다. 어려서부터 일을 했던 누이는 낫질이 능숙하고, 여동생은 조금 못하다. 타관살이 40년에 고향에 돌아오니 많은 게 낯설다. 일한 뒤 단잠을 자고 떠나는 누이와 여동생의 뒷모습을 한참 바라봤다. 언제나 떠나는 사람은 나였는데 남은 자가 되어 배웅하고 있다. 가슴 한편이 헛헛하여 저수지 둑길을 한 바퀴 돌고 오다.

잠 못 이루는 밤

처서 지나고 한로 무렵 태풍으로 사흘 도리로 비가 왔다. 마을 확성기에선 연일 산사태 경보 호우주의보 방송을 했다. 사과 농사 고추 농사 걱정에 불을 꺼도 잠이 오지 않았다. 집마다 불을 켰다가 껐다가 다시 켰다.

저녁 무렵

 마음이 울적하여 김옥심 여사를 모시고 정선아리랑 한 자락을 들었다. 마음 둘 데 바이없다. 태산준령 나무하는 머슴 되고, 임 잃은 상심자로 하릴없어 어둑한 고샅길을 한동안 걸었다.

썽그런

  보일러 기름값 아까워 춥게 살던 어매, 전기 장판 뜨시게 하고 지내라 해도, 객(客)이 떠나고 나면 냉골에서 살았지. 썽그런 방바닥 생각이 나면 눈물이 나, 하릴없이 걸음 멈추고 하늘을 바라보곤 했지. 이제 나, 그 집에서 삼동(三冬)을 나네. 봉당에 앉아 텃밭의 삼동초꽃을 보네, 봄이 와도 썽그런

약

폐병쟁이 아배는 파리한 낯빛으로 골방에서 따로 지냈다. 집마다 누에를 치던 시절, 누에가 뽕잎을 갉아 먹는 소리는 솔숲에 내리는 빗소리 같았다. 어느 날 누군가 자는 내 입을 벌리고 무엇인가 넣었다. 스멀거리고 미끄덩거리는 것을. 잠결에 먹었는지 삼켰는지 밝은 날을 맞았다. 결핵 약이 귀하던 시절 고단백의 누에를 민간에서 약으로 썼다는 걸 나중에 알았다. 지금도 내 몸에선 누에의 정령이 가끔 침입자들과 싸운다. 그런 날은 땀이 자리를 적셨다.

뉴스

   백 년 묵은 퇴락한 사랑채를 뜯었다. 슬레이트 지붕은 발암물질이 있어서 개인이 함부로 할 수 없기에 정부의 지원을 받았다. 사랑에서 할아버지 할머니와 함께한 세월이 손을 흔든다.

   대숲에 노루가 들었다가 내 기척에 놀라 달아난다. 나도 놀랐다. 겨울이라 먹을 게 없어 댓잎 뜯으러 가끔 오나 보다. 몸가짐새를 조심해야겠다.

   읍에 가는데 길에 수달이 누워있다. 가엾다기보다 처참하다. 저들은 자신의 속도보다 더 빠른 게 있다는 걸 모른다.

   아침이면 고양이 가족이 찾아온다. 어미 아비 새끼 둘 신기하게도 새끼는 각기 어미와 아비의 털빛을 나눴다. 어미는 누렇고 아비는 검다. 고양이는 야옹 소리로 말하고, 나는 밥 줘 라고 듣는다.

   애인이 생겼다. 닥나무 숲에서 재잘대던 아기 참새 한 마리 처마 밑 봉당에 가끔 온다. 어떤 때에는 어깨에 앉아 겨울볕을 함께 쬔다. 뭐라 뭐라 재잘대는데 내게는 봄이 오는 소리다.

2부
불빛

입춘 즈음

　겨우내 어둡고 구겨진 마음 봉당에 널었습니다. 지나가던 바람 한 올 슬쩍 겨드랑이를 들춥니다. 가는 곳마다 막다른 골목이었어요. 파도가 치지 않아도 멀미를 했지요. 그림자에 생선 냄새가 나는지 고양이가 기웃합니다. 무슨 일이냐고요? 마을 입구 홀로 지내던 할머니 집 불이 꺼졌어요. 벌써 여러 달 됐어요. 가끔 볕이 놀러 옵니다.

섭섭히 헤어지다

밭 그늘이 깊어져
할아버지께서 심은 늙은 감나무를 베었다.

까치 한 마리
베어낸 그루터기에 오도카니 서 있다가
어디론가 날아간다.

나는
까치가 점이 될 때까지 바라봤다.

누님

누님이 텃밭에 납시면
들냉이는 웃고

나싱개랑
고들빼기 칼속새는
노랗게 질린다.

한눈에 알아본다.

우리 누님
두 눈이면
저승도 본다.

귀향

이제 돌아가려네.
옛집은 이미 없어졌으니
가까운 시냇가에
오두막을 짓고
포플러나무 잎사귀가
바람에 귀 씻는 소리를 즐기려네.
그리고 다섯 이랑 남새를 길러
벌레들과 나누겠네.
남는 게 생기면
무인 판매대 귀퉁이에
슬며시 두겠네.
푼돈이 모이면 이웃들에게
탁주 한잔 낼 수 있으리.
그러면 내 날들은
모자라거나 넘치지 않고
충일할지니
황혼이 오면 모자를 벗고
어둠의 품에 안겨
감사 기도를 드리며
고요에 들겠네.

어떤 농부

부스스한 은빛 머리
구부정한 어깨

장화 신고
삽 둘러메고
논물 보러 가는

누구일까?

앞에서 보니
내 얼굴이네.

고양이

풀밭 마당을
검은 나비가 어슬렁 지나간다.

경적을 울려도 돌아보지 않고
거만스레 눕는다, 봉당 그늘을 차지하고

허리에 환두대도를 찬 것 같다.

나는 그가 부럽고 존경스러워
차렷 자세로 경례를 하고 싶어졌다.

가지냉국

학교 파하고 지쳐서
집에 가면

어서 온나.
공부하느라 힘들었제?

텃밭에서
가지와 오이 고추 따서
가지는 푹 삶고
오이는 채 썰고
고추 두엇 송송 썰어
엷은 식초 옷 입혀
데불고 오면

밥은 덤이고
더위가 돌아앉는다.

가지냉국 먹을 제면
젊은 울 어매
대낮같이 웃으며 총총 오신다.

곤줄박이네 집

우체통이라고 만들었더니
곤줄박이가 차지했네.
우편물은
우체통 앞에 놓이고
차는 소리를 조심했네.

부지런히 드나들었네
무엇인가를 물고,
무슨 일이 생기고 있었네.

어느새 곤줄박이가 주인이고
나도 모란꽃도 감나무도
객이 되었네.

곤줄박이를 보며 아침을
곤줄박이를 보며 점심을
곤줄박이를 보며 저녁을
맞았네.

이윽고
가슴 붉은 곤줄박이가

곤줄박이네가 되어
돌아갔네.

봄이 다했네.

감자

감자를 캐다가 비가 왔다.
우울했다.
날이 개어 다시 감자를 캤다.
기뻤다.
때보다 늦게 심었는데 알이 굵고 토실했다.
땀으로 목욕을 하고 모습은 흙투성이가 되었다.
농부가 돼가는 것 같아 즐거웠다.
어둠과 악수를 하고 집으로 와서 SNS 광고를 했다.
다섯 분의 주문이 들어왔다.
입이 귀에 걸려서 잠자리에 들었다.
밤에 비가 억수로 와서 마당이 흥건하다.
밭에 두고 온 감자 생각이 났다.
많은 주문이 안 들어온 걸 다행으로 여겼다.
비가 그쳤다.
들로 가는 걸음이 가볍고
포실한 감자가 사람들의 입을 즐겁게 할 거란 생각을 했다.
나는 감자다.

그녀의 나팔꽃

 잉크병 어는 겨울밤, 구들장 식어 자다가 일어나 빈 솥에 물 붓고 군불을 땠니더. 정지 구석 나뭇단 풀어 아궁이에 밀어 넣고 곱은 손 비비며 샅에 뜨신 기운도 쐬었지요. 다음 날, 난리가 났니더. 슬슬 가렵더니 아침나절 글쎄, 거시기가 벌겋게 부풀어 올라 나팔꽃이 피었잖니껴! 어디 가서 말도 못하겠고 미치고 폴짝 뛰겠더군요. 읍내 병원에 갔더니 시상에, 옻이 올랐다 카내요. 약 먹고 한 열흘 지나서야 꽃이 지대요.
 그란디 요상한 것은 거시기에 꽃이 피었다 진 뒤로 병 한 번 안 걸렸니더.

무섬소사(小事)

 영감은 저보다 일곱이 많지요. 양정고보 나와서 동경대 다녔어요. 독립운동 하다가 일본 감옥에서 해방을 맞았지요. 공부만 하던 사람이라 농사는 일꾼들 시키고 바둑 두고 술 마시며 세월을 보냈어요. 저는 열넷에 시집와서 일녀 칠남을 두었는데 첫째가 딸이라오. 딸은 서울에 사는데 그도 여든이 넘어 손주들 보느라 여길 오질 못해요. 장남은 교수로 있다가 퇴임했는데 아들이 없고 둘째도 대기업 다니다가 은퇴했는데 아들이 없어요. 셋째가 안동에 사는데 아들이 있어요. 아들이 있어도 여길 들어와 살란가 모르겠어요. 막내가 해생(亥生)이니 예순다섯이에요. 남들은 다복하다 하지만 쓸쓸해요. 아이들 키울 때가 그냥 좋았어요. 세상이 살 만하다고들 하지만 좋은 건 농사지은 것 사람들이 부뚜막에 갖다 두는 것밖에 없어요. 당신 가신지 삼십 년, 아이들이 함께 살자 하지만 갑갑해서 도회에 가선 못 살아요. 촌집이라 겨울이면 춥지만 여기가 내 집이라 편합니다.

 무진생이니 아흔여섯 호호백발이나 이도 그대로이고 보청기도 안 끼고 손수 밥 짓고 빨래도 한단다. 마당 빨랫줄에 분

---

*무섬: 경북 영주시 문수면 수도리(水島里)에 있는 전통마을. '물 위에 떠 있는 섬'으로 수도리의 우리말 이름.

홍빛 속곳 한 장 바람에 단풍잎 모양 나풀댄다. 서리 내리면 단풍잎은 무색해질 게다.

설거지를 하며

아내는 일하러 가고
아이들은 애인이나 봄빛 보러 나가고
빈집에서 혼자 궁싯거리다가
싱크대에 쌓인 그릇을
설거지한다.
설거지를 하는 동안
온 마음을 설거지에 몰입하는 동안
높은 곳에 있는 것인지 내면에 있는 것인지
무엇인가 함께한다.
유리그릇이나 사기그릇은 더운물로 씻어내고
쇠로 된 것은 거친 수세미로
나무나 플라스틱 그릇은 부드러운 것으로 닦아낸다.
중국 음식점 배달 그릇도 수고에 감사하며 말끔하게 닦는다.
세제는 아주 조금 풀어서 설거지를 하다 보면
알 수 없는 사이 행복감에 젖어든다.
아내나 아이들은
나의 이런 행복한 시간을 방해하지 않기 위하여
설거지를 하지 않은 게 분명하다.
배려에 눈물이 찔끔 난다.
그릇을 가시고 마른 천으로 닦아서 정리하고
개수대 찌꺼기까지 청소를 하고 나면

어느새 난 어제보다 조금 착해졌고
교만한 마음도 쪼매 내려놓은 것 같아
거울 앞에서 못난 얼굴이 잘생겨 보이고
입가에 웃음이 떠나지 않아
설거지할 때가 은근히 기다려지는 것이다.

아버지의 꽃밭

아버진 꽃을 좋아하셨습니다. 하고많은 꽃 중 맨드라미만 키우셨어요.

애야, 꽃은 선택할 수가 없단다. 나는 붉은 맨드라미 꽃밭 가꾸는 일이 이번 생에 맡은 소임이란다. 맨드라미를 키우는 일은 피할 수 없는 운명이란다.

사람들은 아버지를 만나고 싶어도 어떻게 할 수가 없었어요. 아버지가 키우는 맨드라미에는 독이 있어서 금방 중독이 되니까요. 중독된 이는 어쩔 수 없이 맨드라미를 심고 길러야 하지요. 저주받은 꽃밭 주인이 되어야 한대요.

까마귀를 멀리해라. 까마귀가 꽃밭에 와 맨드라미 꽃살을 파먹으면 꽃밭 주인이 죽는단다. 훠어이~까마귀야, 훠어이~ 훠어이

사람들은 중독될까 봐 아버지를 만나러 오지 못하고, 아버지는 사람들을 피하여 스스로 섬이 되었습니다. 섬은 외로워 점점 마르고, 꽃밭에는 맨드라미만 그득합니다.

아버지는 그예 꽃밭에서 쓰러졌습니다. 노리고 있던 까마

귀가 맨드라미 꽃살을 파먹었지요. 아버지는 아버지가 만든 꽃밭에서 지셨습니다.

　아버지는 깊은 잠에 들었습니다. 사람들은 아버지를 만나러 와서 불꽃을 던지며 한 말씀씩 하셨어요. 이젠 맨드라밀 놓고 편히 쉬시게.

　아버지는 맨드라미 꽃밭의 주인이었습니다.

둥근달

할아버지
지게뿔에 걸린 달

할머니
백태 낀 눈에 뵈던 달

팔린 누렁소
옛 주인 못 잊어
지고 온 달

시집간 누이
소박맞고 오던 길
밝히던 달

이제는
귀신들과
함께 보는 달

불빛

집으로 가는 길
오늘은 꺼져 있네.
어제는 켜져 있던 집
언젠가는 꺼질 테지, 내 살던 집도

불 꺼진 마당에
무심히 감꽃만 내리겠지.

카바이트 불

두메에 있다가 대처로 나가서 본 것 중 신기한 게 많았다. 저녁에 거리에 나와 노상에서 오가는 길손을 맞는 카바이트 불빛도 그중 하나였다. 깡통에 두루미 부리 같은 것을 세운 뾰족한 끝에서 신기하게 불이 나와서 주변을 밝혔다. 깡통은 물에 흠뻑 젖어 있고 가끔 위로 기포가 나오면서 꼬로록 소리가 나기도 했다. 호롱불 아래 지내던 소년의 눈에 카바이트 불은 가까이서 보는 별이었다. 카바이트 불은 어둠을 적당하게 유지하게 하면서 사람을 가깝게 하는 마력을 지니고 있다. 너무 밝으면 마음에 있는 말을 꺼내서 고백하기에 부담스럽다. 적당한 어둠과 축축한 공기 그리고 바람에 나풀대는 카바이트 불빛이 있다면 빗장을 열고 사랑의 전령을 마주한 이에게 보낼 수 있을 것이다. 카바이트 불은 솜씨 좋은 도둑이 마법의 성 창고에서 슬쩍하여 사람 사는 동네에 내보낸 물건이 틀림없다. 카바이트 불을 밝히면 옛사람이 시간을 거슬러 활짝 웃으며 찾아온다.

3부
칸나

방학과 개학

선생님이 미칠 즈음
방학을 하고
엄마가 미칠 무렵
개학을 한다.

섭리

바람 부는 날
대나무 숲은 바쁘다.
참새 떼는
터진 볏가마라도 발견한 듯 부산하고
밑에선
고양이 한 마리
도사리고 있다.

바람은 바람대로
참새 떼는 희희낙락
고양이는 전류라도 맞은 듯
짜릿한 순간

나는
고함이라도 치고 싶지만
아서라.
나서지 마라.
가만히
빨래를 넌다.

복상 한 알

흐르는 물에 씻어 네가 준 까틀복상 한 알
지지 않고 가슴에 달려있다.

아침 인사

창문을 여니
마당 가에 심어둔 배추머리가 허옇다.
밤새 서리가 내렸다.

눈 들어 바라본 허공
전깃줄
곤줄박이가 꼬리를 흔든다.

안녕!

지난봄
나는 새와 친해지려고
추녀 끝에 새장을 달았다.

새는
똥을 갈겨
고맙다, 화답하고
나는 곡식과 물을 떠다
새집 근처에 뒀다.

그런 그녀는

전깃줄에 앉아
내게 인사를 하러 온다.

세상엔 모르는 일도 많고
이런 은밀한 관계도 있다.

오늘 하루
온전히 잘 지낼 것이다.
함부로 화내지 않고
욕하지 않을 것이다.

나는
곤줄박이의 동무다.

기쁜 날

자폐증을 앓고 있는
서경빈 씨가
내 인사를 받았다.

행복한 날

자폐증을 앓고 있는
서경빈 씨가
자신이 그린 그림을
설명해줬다.

즐거운 날

자폐증을 앓고 있는
서경빈 씨가 그린
그림을 보고 있다.

수많은 볼펜 선이 만든
한라봉이
먹음직스럽게 다가온다.

입에 침이 괸다.

봉정사 영산암

서경빈 씨가 그린
봉정사 영산암

무수한 점들이 손잡고
배롱나무가 되고
돌확이 되고
지붕의 어깨가 되어
평화를 이루고 있다.

미움과 사랑이 없다.

너도
나도
없는 곳

적멸의 꽃이
핀다.

방(方)

예전은 아니고
육칠십년대
더러는 팔십년대까지
지금처럼 문자메시지로 인사하지 않고
손편지로 정의를 드러내고
종이에 골똘하던 시절
사랑은 종이 위에 있고
어버이의 심금을 울려야
한 달의 풍요가 결정되던
집은 없고
세 사는 곳에
편지를 부칠 때면
아무개 방 아무개라 했지
방(房)이 아니라 방(方)
방(方)은 모퉁이
임금을 임금이라 하지 않고
전하(殿下)라 한 모양
세 사는 걸 에둘러 가리키는 간접화법
중국에는 없고 우리한테만 있는
백석의 떠돌이 시
남신의주 유동 박시봉방의 방(方)

그 방(方)에조차
더부살이한 적 있다.

물푸레나무 그릇

물푸레나무의 고향은
푸른 바다였나 봅니다.
옆구리에 파도가 넘실거립니다.

철썩이는 파도가 치는 물푸레나무 그릇에
음식을 담으면
고래가 분수를 뿜으며 달려오는 듯하지요.
어디선가 뱃고동 소리가 들리고
파도의 그림자가 어른거립니다.

물푸레를 바라보면
나는 어느새
심해를 달리는 등 푸른 고등어가 되고
파도를 가르는 날치가 되곤 하지요.

그러나 물푸레는 물푸레
산등성이에 서서
눈을 맞고 바람 쐬며
허허바다를 그립니다.

그러다가 어느 목수의 손길 따라

밥그릇이 되었습니다.
옆구리에 넘실거리는 파도를 품은 채

물푸레를 가만히 바라보면
쏴아쏴아 등성이에 부는 된바람 소리가 들리고
갑자기 고래가
푸우, 거친 숨을 내쉬며
찾아옵니다.

오줌 바지

소년 권정생은
폐결핵이 전이되어
신장을 들어내고
방광을 없앴다.
가슴에 구멍이 나 고름이 나도
들기름 묻힌 솜으로 구멍을 막을 수밖에
죽기를 각오하고 기도, 기도
추울수록 소변은 잦아지고
깡통을 옆에 두고
밤새 "주여, 주여" 하다가
"어이 추워"가 절로 되는 밤
지쳐 잠이 들면
오줌 싼 젖은 바지가
얼어붙었다.

젖은 오줌 바지는
가난으로 죽은 기훈이가 되고
술집으로 간 명자가 되고

---

*"밤새~되는 밤": 『권정생』, 한경희, 민속원, 36쪽.

몽실 언니가 되고
빌뱅이 언덕이 되고
도토리 예배당 종지기 아저씨가
되었다.

우수(雨水)

우수(憂愁)로 읽히는 걸 어떡해요.
그래서 우수가 좋아요.
상처 입은 마음을 쓰다듬어 보기도 하고

터지려는 갯버들 눈에서
희망을 봤어요.

내리던 눈
나무에 앉아서
용맹정진하는 설산 능선은
엊그제요.

얼었던 가슴 풀고
새로 길을 가는 강의 마음은
오늘입니다.

바람 부는 날
언덕배기에서 띄우는
가오리연의 길

풀린 얼음장 위에 싣고

먼바다
당신에게 갑니다.

청룡사 석조비로자나불좌상

소백산 장군봉 아래
땅속에서
천년을 주무셨다 한다.

한 눈은 감고
한 눈은 뜨고 계신다.

코는
날아가셨다.
그 코, 살아서
자식 없는 집, 여러 번 환생했겠다.

뜨고 있는 눈은
전쟁 때 총상 입은 자국이요.
감은 듯한 눈은
중생을 사랑으로 보는 모습이다.

왼손 검지를 감아쥔 오른손은
붓다와 중생
너와 나
둘이 아닌

삼배 드리고 나오니
민머리 스님이 문 열고 들어갔다 나온다.
귀하신 부처님을 어찌했을까 저어했나.
차 꽁무니를 오래 바라보고 있다.
그 모습에 부처님 입꼬리가 빙긋이 올랐다 내려온다.

슬픔을 삽니다

기쁜 일이야 누구나 있으면 가슴에 담지요. 겨울밤 꺼내먹던 고욤 청처럼 가만히 꺼내 보고 웃곤 하지요. 그러나 슬픔은 담아두고 꺼내 보는 사람은 없어요. 슬픔은 무시로 찾아오고 더욱이 사는 사람은 없지요. 그래서요. 나는 당신의 슬픔을 사렵니다. 사서 가슴에 걸어두고 그 슬픔 함께하렵니다. 말 못 할 슬픔이 연못물로 고이면 나는 당신을 울겠습니다. 처마 끝 듣는 빗방울 모양 방울지겠지요. 슬픔을 내다 판 당신이 비 갠 하늘로 맑았으면 좋겠습니다. 저야, 슬픔을 업으로 사니 당신의 슬픔이 제게는 일이 되지요. 당신이 평화롭다면 저 또한 기쁘지 않겠습니까? 슬픔을 팔아 기쁜 당신과 슬픔을 사서 즐거운 제가 만경창파에 일엽편주 띄우고 이 세상 함께 넘실댈 수 있다면, 그러니 당신, 가슴에 맺힌 슬픔 한 덩이 제게 팔아요.

사슴 가족

사슴 셋이 강을 만났습니다.

어미는 망설였습니다. 어린 둘과 눈을 마주했습니다. 건널 수 있겠지? 어미가 물에 들자 새끼들이 따랐습니다. 목을 내놓은 채 물길을 거슬렀습니다. 부챗살 같은 물살에 연 세 송이가 넘실거립니다. 이윽고 어미가 뭍에 오르고 새끼들이 좇습니다. 어미는 다시 한번 새끼들과 눈을 마주합니다. 잘했구나. 앞에는 커다란 뿔이 기다리고 있습니다. 아버지입니다.

어둑서니가 시나브로 검은 포대기로 감싸줍니다. 사라지는 가족을 바라보는 여행자들 아무도 말이 없습니다. 캐나다 벤프에서 만난 풍정(風情)입니다.

칸나

누군가 칸나 구근을 보내왔다.
보내왔는데 나는 시집 보내온 것으로 받아들였다.
초등학교 다닐 때 화단에 서 있는 칸나를 본 적 있다.
칸나를 아무도 함부로 대하지 못했다.
어깨를 으쓱거리며 교실 앞 뜨락을 밝히고 있던 칸나는
한 번도 만나지 못한 서양의 여인 같았다.
이러구러 세월 동안
칸나는 가슴 바닥 사그라지지 않는 밑불로 있었다.
나는 칸나를 맞아들여 골똘하기로 했다.
구덩이를 파고 뿌리를 고이 모셨다.
칸나를 심고 방에 들어오는 순간부터
칸나는 오래전부터 짝사랑하던 소녀였던 것 같고
너무 오래 같이 산 아내였던 것 같다.
그것이 이제 쓸쓸한 내게 와
불을 밝히고자 하는 것이다.
칸나, 하고 부르면
땅속 칸나가 움찔하는 것만 같다.
해와 달이 갈마들고
비가 와서 인사를 하게 되면
칸나는 우뚝 하니 서 있을 게다.
누가 칸나를 말도 못한다고 비웃는다면

나는 그를 몹시 나무랄 것이다.
자연과 교감도 못하는 하급한 사람이라고
어느덧 나는 꿈꾸고 칸나도 꿈꾼다.
길을 나섰다가 돌아와 마당을 들어설 때면
칸나는 환한 등불로 서 있을 것이다.
칸나, 하고 부르면
생각엔 내 목덜미에 와락 달려오고 있고
그냥 그 자리에 있어도
마음에 불을 밝히고 다가간다면
나는 내가 아니고
너는 칸나가 아니고
둘이 아닌 것이다.

검은 콩국수

여름 가기 전
귀로식당
검은콩국수 먹고 싶다.
콩국수도 그렇지만
시간이 멈춘 듯
붓으로 쓴 빛바랜 가격표에
계면쩍게 손을 맞는
주인 아낙의 표정이
일품이다.
남쪽에서 두 번째 잘한다니
첫 번째는 그렇다 치더라도
국물이 목구멍을 넘어갈 때
두 번째가 겸손의 말이라는 걸 알게 된다.
가을이 오기 전 백 리 길 달려가
호들갑 떨지 않고 한 그릇 뚝딱하고
마실 나온 동네 아저씨 모양
가볍게 눈인사하고
다시 백 리 길 돌아와
어둠 속에서
되새김하리라.

4부
귀밑 느티나무

버림받은 개

우이도에서 목포 가는 길
도초도에서
갈아탈 배를 기다리는데

뗏국에 전
흰둥이 한 마리
꼬릴 흔들며 다가와

내리는 길손마다
냄새를 맡아본다.

이윽고
기진하여 턱을 괴고
다음 배 기다리는 흰둥이

감았다 뜬 동공에
뿌연 밤안개만 일렁인다.

녹지 않는 눈

단양군
가곡면
가곡초등학교
보발분교장

전교생 1명

태극기가 바람에
펄럭입니다.

불발탄

소피아 로렌 모양
광대뼈가 나오고
속눈썹이 망아지 눈썹 같던
너는
스물이라 했다.

비 오다가 개어
흙탕물이 넘실거리는 낙동강을
묏등 자락에 누워
하염없이 바라보는데

―저, 옆에 누워도 돼요?

겨드랑이털이 숭숭 나오고
젖무덤이 묏등보다 큰

벼락 맞은 대추나무
초원을 질주하고픈 부룩송아지

그날 눈먼 용(龍)은 강을 건너지 못했다.

명상

바깥만 바라보다가
안을 보기로 했다.
바깥은 눈으로 보지만
안은 눈을 감아야 보였다.
안은 바깥보다
훨씬 험하고 힘들었다.
생각을 끊어낸 자리마다
쓸데없는 생각이 싹이 트고
잊었다고 여겼던 것들은
떠나지 않고
바닥에 도사리고 있었다.
내 죄의 흔적이었다.
불쑥불쑥 나타나
나를 신문했다.
덥지도 않은데 땀이 나고
악취가 진동했다.
망상(妄想)이 물질로 바뀌는 현상이라 했다
내면의 독에 담긴 물이
고요하고 맑다는 건 착각이었다.
흙탕물이 가라앉을 때까지
한동안 안을 지켜봐야 한다.

조금씩 뚜껑이 열리고
머리가 없어지더라도
내면을 바라봐야 한다.

나는 내가 아니다.

우쉬굴리

낯선
그러나 오래전 와본 듯한

옛날이 오늘을 손잡고 있는

걸어서
빙하가 있는 곳까지 갔다.

빙하 녹은 물이
빙하 아래 구멍으로
흐르고 있다.

무심하게

샤슬릭을 먹고
취해서 꿈을 꿨다.

---

*우쉬굴리(Ushguli): 조지아(Georgia) 캅카스 산맥 아래 있는 산악 마을. 마을 전체가 '유네스코세계문화유산'에 등재되어 있다. 쉬카라(Shkhara) 빙하 가까이 있다.

나는
푸른 빙하 속에 누워
먼 후일
찾아올 나를 기다리고 있다.

안치에 가고 싶다

노란 살구가
무리를 지어 옷깃을 잡았다.
놀다 가라 했다.

붉은 옷을 입은 승려가
살구를 따서 건넨다.

살구는
할 말이 있는 듯
통통거렸다.

농부는 감자를 심고
흙은 답을 하고

설산의 흰 달이
인사를 한다.

산하대지 삼라만상

---

*안치(Anchi): 북인도 라다크(Ladakh)의 불교 성지.

붓다의 설법
아닌 게 없다.

작별

합강 가에 살던 김진동 씨가 다른 세상으로 주소를 옮겼다. 면도칼로 가슴을 저민 듯 아려왔다. 이제는 걸어도 닿지 않는 전화번호를 지우고 카톡에 있는 프로필 사진을 봤다.

돌 속에 앉아있는 개구리, 검은 능선 위 둥근달, 산기슭에 놓인 토종 벌통, 산 그림자 비친 개울, 물억새를 스치는 바람, 그가 사랑하던 것들이었다.

지난여름 동이비에 터전을 잃고 몸과 마음이 의지처를 잃었다. 국회의원이라면, 관청물 먹는 행정가라면, 교수라면, 돈 많은 기업가라면

외톨박이의 투박한 작별

봄이면 그의 산밭엔 여전히 두릅 순이 손을 내밀고, 벌은 붕붕거리며 꽃에 인사하고, 밤이면 수척해진 달이 기다릴 것이다. 강을 건너던 낡은 배는 삐걱삐걱 앓는 소리를 내뱉을 것이다.

미륵

온다고 했는데
온 적이 없다.
십만 팔천 년 전에도 그랬고
십만 팔천 년 뒤에도 그럴 것이다.
곳곳에 전쟁이 일어나고
민심이 갈수록 흉흉해져도
오지 않는다.

그래도
기다린다.

귀밑 느티나무

갑오년
사람이 하늘이라는 말씀이
봄바람으로 불 적에
위험하다고
철퇴를 들고 큰 칼 찬 어둠이
봄바람에 한들거린 싹 열하나
한내 모래밭에 생매장했다.

한국전쟁 때
인민군복으로 위장한 국군이
마을에 들어와
배고파 죽겠다고 밥 좀 달라고
죽어가는 눈빛으로
호소했다.

밥 준 사람들
굴비 두름처럼 엮어
쏘아 죽였다.

---

*귀밑: 경북 예천군 예천읍 갈구2리에 있는 마을.

오백 살 느티나무
지켜보았다.

배진섭

그가 죽었다는데 슬프지 않았다.
그가 이 세상에 없다는데 눈물이 나지 않았다.
근무처가 바뀌어 내려간다고 한
청주 어디
서울 변두리 여느 하늘가에
고운 아내와 아이들과 함께
이마 마주하고 된장국을 먹고 있을 것이다.
물어본다, 두리번거리며 길가는 사람 붙잡고
머리털 빠지고 눈빛 사나운
혁명을 꿈꾸는 사내 한 명 못 봤냐고
물어본다, 버스를 기다리는 사람에게
가슴에 이글거리는 잉걸불 피우며 가는 사람
못 봤냐고

눈도 내리지 않는데
가슴 한구석 아득히 폭설을 쓸어 담으며
거리를 지향없이 걸었다.
술도 마시지도 않았는데 몽롱하고
한잔 마시며 나를 위로하지도 못하고
홑이불 덮어쓰고 그냥 자리에 누웠다.

내일은 없다.
세상의 즐거움이 사라졌다.

그가 보내는 눈발이 방 안 가득히 내린다.
꼼짝할 수 없다.

너븐숭이 아기동백

엄마 품
여섯달바기 동백

지고서
노란 목젖
보이네.

패랭이꽃

벼랑 끝
바람에 흔들리는 패랭이
흔들려도
허릴 굽히거나
손바닥을 비비지 않는다.

천길 낭 아랜
시퍼런 바닷물

꽃이파리에
소년 전사 이광웅이
앉아있다.

붉은 잇몸 드러내고 웃는다.
주변이 환해진다.

---

*이광웅(1940년~1992년): 교육문예창작회 초대 회장. 오송회 사건의 후유증으로 타계한 시인.

간양록(看羊錄)

그는
죄인이라 건거록(巾車錄)라 했는데
제자들이 간양록(看羊錄)이라 고쳤다.
그의 곤곤(困困)한 삶을 조용필이 읊는다.
머나먼 묵시아에서 간양록을 듣는다.
갈매기들만 내게 인사하고
지나가는 사람들 무심하지만
조용필은 대서양의 거친 파도 이빨을 붙들고
물러서지 않는다.
들어라.
달빛에 젖은 흰 삼베 적삼이여
능소화 피었다 지는 뜨락이여
목화 다래 먹고 함께 놀던 벗들아
감자꽃이 핀 걸 보면
두고 온 감자 생각
강냉이 여린 손 올라온 걸 보면
강냉이 생각

---

*간양록(看羊錄): 강항(姜沆)이 정유재란 때 일본에 포로로 끌려가서 1597년(선조 30) 9월부터 1600년(선조 33) 5월까지 기록한 책.
**묵시아(Muxia): 스페인 북단 대서양 연안의 항구. 성모(聖母) 마리아(Maria)가 돌배를 타고 현신하여 야고보(Jakobus)를 격려한 장소라 함.

싹 나기 전 주문받아놨는데
사람들 토마토 고추 모종 들고
함박웃음 띤 모습 보며
간양록을 되뇐다.
저녁과 아침이 한몸 되어
달려드는 대서양의 파도여
잊지말라, 와서 철썩이며
옆구리 후벼파는
간양록

동백 결사

탐라 동백이
우우, 하니

여순 동백이
아아, 한다.

시간의 숨

　하루가 백년(百年) 같았지. 쉴 틈 없이 오는 군인들을 상대해야 하는 지옥, 그 지옥에서 살아남기 위해 이성이 아닌 본능에 매달려야 했어. 위안소를 올 때마다 나를 찾던 사람, 나가서 같이 살자던 말, 거짓이라도 붙잡고 싶었어. 캄캄한 어둠 속 명주실 오라기 같은 빛, 그건 정지된 시간에 숨을 불어넣는 거였어. 숨은 끊어지지 않았으나 나는 폐허가 되었지. 무엇이라 표현할 수 없는 지옥의 시간에 숨이 붙을 수 있게 하는 것 외엔 아무런 것에도 기댈 수 없는

---

*일본군 위안부를 다룬 김금숙 만화 『풀』 329쪽 인용 패러디.

손가락 총

운동장에 꽁치 더미처럼
사람들 모아놓고
누군가에게 준
손가락 총

총은
한 번에 한 사람을 죽였지만
손가락 총은
셀 수 없이
무더기 무더기로 죽였다.

학도병의 책가방

1950년 9월 14일 새벽
장사리 상륙작전
양동작전의 일환으로
하루 뒤 있을 인천상륙작전의 성공을 위해
감행한 전투

어느 학도의용군의 배낭에서
안현필의 영어실력기초
박한식의 수학의 삼위일체가
발견되었다.

그는 전사했다.

시란 무엇인가?

바람을 등에 업은 파도가
으르렁거리며
물었다.

입시울가배야운소리

　바람이라도 맵게 불면 문풍지가 부~우 울었다. 무슨 말씀을 전하고자 함인가. 천하의 고수들이 단전에 깊이 쌓은 이념의 내공을 문자로 따지거나 설검(舌劍)으로 승부를 내다가 기어코 터져버린 1950년 6월 25일, 사 남매를 두고 혼란의 소용돌이에 정처를 잃고 행방불명이 되어버린 작은할아버지, 날 선 경계를 넘나들다가 지금은 어디에 머물고 계시는가. 남은 자들은 사람을 보아도 반갑지 아니하고 꽃이 피어도 고운 줄을 몰랐다. 기다리던 사람도 떠나고 기다리던 옛집도 무너졌다. 바람이 전하는 말을 놓고 가던 문풍지, 분절음으로 분명하게 전달하지 못하고 입술과 입술 사이 닿을 듯 말 듯 스치고 가는 소리여. 혼백이 되어서라도 전할 말씀이 있었는가. 퇴락한 사랑, 빛바랜 문풍지에 매달려 울고 가는 입시울가배야운소리

| 해설 |

| 해설 |

경계의 언어

최성침(문학평론가)

    조성순 시인이 시집의 제목으로 쓰고 있는 시 「입시울가배야 운소리」는 예천농림고보를 나와 예천군청 서기로 일하다가 서울로 올라가 해방 전후 좌익으로 활동하던 중 6.25가 터지면서 행방불명—아마도 월북한 듯—되어 생사를 알길 없게 된 시인의 작은할아버지에 관련된 한 맺힌 사연을 작품화한 것이다. 그의 처 곧 시인의 작은할머니는 막내와 함께 투옥되었고 옥 안에서 배고파 우는 막내는 주위의 권유로 고아원에 맡겨졌으나 이후 영영 행방을 알 수 없게 되었다. 나머지 삼남매는 등에 무명실로 고향 예천 큰아버지 주소를 새겨 넣은 옷을 입고 먼 길을 걸어서 내려왔고, 이들을 큰아버지 곧 시인의 할아버지가 키워서 시집 장가를 보냈다. 겨울밤 된바람에 사랑채 문풍지가 울 때면 할아버지는 아우의 부르는 소리를 환청으로 듣곤 했다.

    문풍지 소리를 가장 근접하게 나타낼 수 있는 발음은 조선 중기 이후 사라진 순경음 곧 입술가벼운소리 'ㅸ'이다. 'ㅸ'는 입술과 입술 사이에서 나는 두 입술이 닿을 듯 말 듯한 소리로서 '입

시울가배야운소리'—훈민정음해례의 정확한 표기는 '입시울가
벼야븐소리'—라고 일컬었다.

 'ㅂ'도 'ㅇ'도 아니고 'ㅂ'과 'ㅇ'의 경계에서 나는 소리, 아니
그 경계를 무너뜨리고 둘을 이어주는 소리, '입시울가배야운소
리'는 사물과 사물, 사람과 자연, 주체와 객체의 구별을 무너뜨
리고 그것들을 하나로 이어주는 조성순 시인의 언어이다. 그것
은 딱딱하게 응고된 사물로 가득한 언어의 감옥으로부터 벗어
나 자유와 생명을 모색하는 참다운 시의 언어, 존재의 언어이
다. 뒤돌아보면 사라져버릴 연인을 지키기 위해서는 그 사랑스
런 모습을 보려는 유혹을 뿌리치고 구원의 문턱에 이를 때까지
그녀의 존재를 믿고 나아가는 것밖에는 다른 길이 없는 오르페
우스처럼 시인은 운명적으로 끊임없이 언어를 배반해야만 한다.
보이는 것은 허상이기 때문에, 곧 언어에 의해 굳어져버린 세계
의 사물들은 언어의 감옥에 갇혀 있기 때문에 시인은 언어를 해
체하고 그 언어의 재로부터 새로운 언어를 싹 틔우려 하는 것이
다. 이 새로운 언어 시의 언어는 경화된 말들의 보이지 않는 경
계로부터 태어나는 것이다.

 굳어져버린 사물과 사물의 경계에 위치하면서 이윽고 그 경
계를 무너뜨리고 둘을 하나로 이어주는 소리, 그것이 조성순 시
인의 언어, 곧 '입시울가배야운소리'이다. 이승과 저승을, 영혼
과 영혼을, 사람과 자연을 이어주는, 경계에 자리하면서 경계를
무너뜨리는 소리이다. 또한 그것은 시 「방(方)」에서 시인이 '백
석의 떠돌이 시'라고 말한 대로 떠돌이의 언어이며 자유의 언어
이자 곧 시 그 자체이다. 모퉁이를 의미하는 '방(方)'은 경계 곧
가장자리로서 무와 자유에 개방되어 있는 공간이다. 오로지 거

기에서만 시가, 사랑이 예기치 않게 출현한다.

1. 전투의 소리*

무엇보다도 조성순 시인은 고통과 슬픔, 폭력과 소외, 부조리로 얼룩진 현실의 척박한 토양으로부터 생명의 언어, 존재의 언어를 싹틔워낸다. 그 언어는 천 길 낭떠러지 끝에서 어떤 두려움도 없이 활짝 웃으며 하늘거리는 패랭이꽃과 같은 언어이다.

시인은 후기 파시즘이 광적으로 폭주하고 있는 2025년 지금의 깊게 병들어 있는 한국사회의 상황에서 과거 좌우 이념의 대립 속에서 파괴되던 인간성의 적나라한 현상들과 야만과 무자비한 폭력에 의해 무참히 짓밟혔던 민초들의 아픈 역사를 다시 떠올린다. 인간상실의 극단에서 자신들의 이웃을 낙인찍고 단죄하는 야만적 행태(「손가락 총」)와, 같은 처지에 있는 힘없는 사람들을 역적으로 몰거나 부역의 올가미를 씌워 집단 학살하는 천인공노할 범죄(「귀밑 느티나무」)를 고발한다. 시인은 이러한 사건들을 제주 및 여순 사건과 함께 여전히 청산되지 않은 역사의 부채로서 우리 앞에 던지고 있다. 이러한 대립과 투쟁 그리고 전쟁의 참혹함은 「입시울가배야운소리」에서 보듯이 작은할아버지의 가족에게 일어난 일들을 통하여 시인은 가까이서 확인할 수 있었다.

그러나 인천상륙 작전과 함께 수행되었던 장사리 상륙작전의 전투 중에 희생된 어느 학도병의 책가방에서 영어 수학 책 두

---

*김수영의 「미역국」에서 채용했다.

권이 발견되었다는 내용을 다룬 「학도병의 책가방」에서 시인은 역사의 갈등과 그 참혹함을 넘어 존재의 근원적 부조리 앞으로 우리를 끌어다 놓는다.

  1950년 9월 14일 새벽
  장사리 상륙작전
  양동작전의 일환으로
  하루 뒤 있을 인천상륙작전의 성공을 위해
  감행한 전투

  어느 학도의용군의 배낭에서
  안현필의 영어실력기초
  박한식의 수학의 삼위일체가
  발견되었다.

  그는 전사했다.

  시란 무엇인가?

  바람을 등에 업은 파도가
  으르렁거리며
  물었다.

「학도병의 책가방」 전문

치열한 전투와 어린 학도병의 전사, 그리고 그 생사가 걸린 전투 중에서도 배낭에 넣고 있었던 "안현필의 영어실력기초"와 "박한식의 수학의 삼위일체", 이 무자비한 세계의 폭력과 기괴하고도 우스꽝스런 부조리 앞에 선 시인에게 으르렁거리는 파도는 "시란 무엇인가?"라고 묻는다. 시란 그저 무력한 것일 따름인가? 무의미하고 부조리한 세계 속에서 한줄기 실낱같은 빛을 찾아 새로운 존재의 의미를 획득하여 그것을 돛을 삼아 삶을 이행하여 나아갈 길은 없는가? 시인은 그렇게 묻고 있는 듯이 보인다. 그렇다. 시인은 무자비하고 야만적인 세계의 부조리와 맞서 싸우며 존재의 의미를 재확인할 수 있게 하는 시를 추구한다. 그것은 세계의 폭력을 초극할 수 있는 힘과 의지이며 정열이다. 이때의 시의 언어는 '전투의 소리'이다.

전사한 소년 학도병은 죽음과 맞서는 순간에도 자신의 꿈과 의지를 잃지 않았다. "안현필의 영어실력기초와 박한식의 수학의 삼위일체"는 그의 꿈과 희망을 끌고 나아가는 돛이다. 꿈과 희망을 끌고 나아가는 돛, 그것이 조성순 시인이 찾는 시일 것이다. 그것은 때로는 "눈빛 사나운 혁명을 꿈꾸는 사내"의 "가슴에 이글거리는 잉걸불"(「배진섭」)로, 때로는 천 길 낭 위에 천진난만하게 웃고 있는 패랭이꽃의 기개(「패랭이꽃」)로, 때로는 "캄캄한 어둠 속 명주실오라기 같은 빛"과도 같은 희망(「시간의 숨」)으로 나타난다.

쉴 틈 없이 오는 군인들을 상대해야 하는 지옥, 그 지옥에서 살아남기 위해 이성이 아닌 본능에 매달려야 했어. 위안소를 올 때마다 나를 찾던 사람, 나가서 같이 살자던 말, 거짓이라도 붙잡고 싶었어. 캄캄한 어둠 속 명주실오라기 같은 빛, 그건 정지된 시간에 숨을 불어 넣는 거었어.

「시간의 숨」 부분

위안부에게 죽음의 시간을 버틸 수 있게 해주는 것은 그녀만을 찾는 한 군인의 "나가서 같이 살자던 말" 한 마디로부터 피어난 희망이다. 지옥 같은 시간, 죽어있는 정지된 시간에 생명을 불어넣어주는 실낱같은 존재의 빛은 삶을 이어가게 해주는 돛이다, 시다. 이와 같이 시인은 절망 속의 한줄기 빛에 주목한다.

「패랭이꽃」에서는 어떤 두려움과 위협 앞에서도 흔들리지 않는 기개로써 적에 맞서 싸우는 전사의 전형을 그려낸다.

벼랑 끝
바람에 흔들리는 패랭이
흔들려도
허릴 굽히거나
손바닥 비비지 않는다.

천길 낭 아랜
시퍼런 바닷물

「패랭이꽃」 부분

시인 이광웅을 추모하는 이 작품에서 시인은 가혹한 현실을 견디는 의연한 기개를 노래하고 있다.

이러한 의지와 열정, 꿈과 희망과 굳건한 기상에서 우리는 존재를 실현해 나아가고 거대한 적을 무너뜨릴 수 있다는 신념에

찬 전투의 소리를 들을 수 있다. 그 소리 안에는 온다고 했지만 온 적이 없는 미륵에 대한 포기하지 않는 기다림과 같은 것이 있다. "온다고 했는데/ 온 적이 없다./ 십만 팔천 년 전에도 그랬고/ 십만 팔천 년 뒤에도 그럴 것이다./ 곳곳에 전쟁이 일어나고/ 민심이 갈수록 흉흉해져도/ 오지 않는다.// 그래도/ 기다린다."(「미륵」) 오지 않아도 끝까지 기다리는 것은 미륵은 거짓이 아닌 진실, 악이 아닌 선에 대한 신념과 희망 그 자체, 삶을 지탱해주는 힘일 뿐이기 때문일 것이다.

시인은 고통으로 얼룩진 현실로부터 비롯된 슬픔을 적극적으로 수용하여 그 속에서 상처를 치유하고 견디며 새로운 희망을 빚어낸다. 슬픔이란 늘 삶의 한 부분을 이루고 있는 한 차라리 그 슬픔을 끌어안고 끝내 이겨내겠다는 것이다. 고통과 절망의 슬픔이 지나가고 나면 그 자리에서 예기치 않은 기쁨이 솟아오르고 가슴 속에서는 새로운 희망이 힘차게 꿈틀거리며 용솟음칠 것이 아닌가. 그렇기에 슬픔은 시인의 "일"이 된다. 그는 슬픔을 자신이 살 테니 슬픔을 팔아달라고 제안한다. "나는 당신의 슬픔을 사렵니다. 사서 가슴에 걸어두고 그 슬픔 함께하렵니다. 말 못 할 슬픔이 연못물로 고이면 나는 당신을 울겠습니다."(「슬픔을 삽니다」) 이 세상의 온갖 슬픔 속에서 한 가닥 빛, 곧 시를 찾는 것이 시인의 "일"이 아니겠는가? 이러한 시인의 일은 역설적인 것으로서 고통과 절망으로부터 그것을 초극할 수 있는 힘과 의지와 정열을 끌어낸다. 여기서 우리는 시련과 고통을 결연히 견디며 새로운 삶으로의 이행을 꿈꾸는 굳센 힘을 느낄 수 있다. 「물푸레나무 그릇」의 다음 일 절은 이러한 시련과 고통을 견뎌내는 강인한 힘을 잘 형상화하고 있다.

그러나 물푸레는 물푸레
산등성이에 서서
눈을 맞고 바람 쐬며
허허바다를 그립니다.

「물푸레나무 그릇」 부분

  동시에 이 작품은 푸르른 생명을 잃고 "어느 목수의 손길"을 따라 밥그릇이 되어버린 물푸레나무가 "옆구리에 넘실거리는 파도를 품은 채" 고래가 거친 숨을 내쉬는 먼 바다를 연모하는 것으로 제시됨으로써 슬픔의 연금술을 잘 드러내고 있다.
  「우수(雨水)」에서 우수(憂愁)로 읽혀서 우수(雨水)가 좋다고 하는 시인의 말은 이러한 슬픔의 연금술의 역설을 잘 드러내주고 있다. "상처 입은 마음 쓰다듬어" 슬픔이 치유된 곳에서 "희망"이 싹트기 때문이다.

우수(憂愁)로 읽히는 걸 어떡해요.
그래서 우수가 좋아요.
상처 입은 마음 쓰다듬어 보기도 하고

터지려는 갯버들 눈에서
희망을 봤어요.

「우수(雨水)」 부분

  슬픔이 타버린 재속에서 시가 탄생한다. 희망이 싹트고, "용맹

정진"의 기상이 솟아나고, "새로 길을 가는" 기적이 생기고 "먼바다" 그리운 "당신"에 대한 그리움이, 어쩌면 자유와 근원에 대한 갈망일지도 모를 그리움이 깊은 내면으로부터 솟구쳐 오른다. 그러한 갈망에서 지치지 않는 전투의 소리가 울려 퍼진다.

2. 귀향, 하나—그리움

먼 이국 땅 대서양의 한 연안의 잊지 말라며 달려와 철썩이는 파도처럼 조용필의 간양록은 옆구리를 후벼 판다. 실은 끊임없이 밀려와 철썩이는 파도가 바로 간양록일 것이다. 그 파도 앞에서 망망한 대서양 건너편 아득히 먼 고향이 애절하게 그리워진다. 자신의 존재가 고스란히 간직되어 있는 고향, 그곳이 시인이 그리워마지 않는 존재의 보고이다. 대서양 연안의 항구 묵시아에서 감자꽃과 강냉이 여린 순을 보면서 시인은 또 다른 그의 「간양록(看羊錄)」을 애절하게 부른다.

> 조용필은 대서양의 거친 파도 이빨을 붙들고
> 물러서지 않는다.
> 들어라.
> 달빛에 젖은 흰 삼베 적삼이여
> 능소화 피었다 지는 뜨락이여
> 목화 다래 먹고 함께 놀던 벗들아
> 감자꽃이 핀 걸 보면
> 두고 온 감자 생각
> 강냉이 여린 손 올라온 걸 보면

강냉이 생각

싹 나기 전 주문받아놨는데

사람들 토마토 고추 모종 들고

함박웃음 띤 모습 보며

간양록을 되뇐다.

저녁과 아침이 한몸 되어

달려드는 대서양의 파도여

잊지말라. 와서 철썩이며

옆구리 후벼파는

간양록

「간양록(看羊錄)」 부분

"달빛에 젖은 흰 삼베 적삼"은 먼 기억 속의 그리운 "어매"일까 아니면 "할배"일까. 능소화 피던 뜨락, 목화 다래 먹고 함께 놀던 벗들 모두 그립다. 이국에서 감자꽃과 강냉이 여린 순을 보자니 심어 놓고 온 감자와 강냉이마저 그립다. 간절한 그리움을 통해서 존재는 회복된다.

시인은 언제나 타향이었던 도시를 떠나 고향으로 돌아간다. 이제 고통과 슬픔으로 점철된 현실에 대한 안티테제로서의 긴장된 언어의 날카로움은 시인의 귀향과 함께 원초적 삶의 존재의 근원 속에서 점차 사그라들고 따뜻하게 감싸는 그리움의 노래가 고향집에서 메아리친다. 그 메아리 속에는 말똥굴레 할배 어매 적삼 강냉이 봉당 썽그런 등과 같은 정겨운 토속어들이 존재의 소리를 알리며 반향한다. 시인은 험한 세상과 부딪치며 입은 상처투성이의 몸을 이끌고 고향집으로 돌아왔다고 알린다.

"세상에 상처받고/ 의지가지없이/ 무너져가는 몸으로/ 고향집에 왔다."(「어떤 봄」) 멀리 들녘이 바라보이고 텃밭의 채소와 안뜰의 꽃밭이 내려다보이는 조그마한 봉당이 있는 고향집은 시인에게 있어서 자연과 하나됨 속에서 원초적 삶을 영위하는 '존재의 집'이다. 동시에 옛 기억이 오롯이 스며들어 있는 고향집은 그리움이 샘솟는 원천이며, 그 그리움을 통하여 상처받은 자아가 치유되는 공간이기도 하다.

할배는 말똥굴레라 했고 소년은 민들레라 했다. 할배는 가시고 소년도 백발이 되었다. 소년도 이제는 민들레라는 말보다 말똥굴레가 좋다. 말똥굴레를 보면 할배가 뒷짐 지고 웃으며 다가온다. 말똥굴레가 지천으로 핀 곳에 할배와 소년이 함께 있다.

「말똥굴레」 부분

고향집 주변 산과 들에 지천으로 피어나는 말똥굴레는 돌아가신 할배를 "데불고" 온다. 말똥굴레에는 할배와 함께 했던 시인의 시간이 스며있다. 말똥굴레를 보면 할배가 뒷짐 지고 웃으며 다가오는 것이다. 말똥굴레를 통해서 흘러간 시간의 소중한 존재가 회복되고 있다.

텃밭에서 자라고 있는 가지와 오이 고추는 어매를 데불고 온다. 봉당에 앉아 무성하게 달려있는 가지 오이 고추를 바라보고 있으면 더운 여름날 가지냉국을 만들어 주던 어매의 환하게 웃는 얼굴이 떠오르고 시인은 잠시 행복한 순간에 잠긴다. "텃밭에서/ 가지와 오이 고추 따서/ 가지는 푹 삶고/ 오이는 채 썰고/ 고추 두엇 송송 썰어/ 엷은 식초 옷 입혀/ 데불고 오면// …(중략)… //가지냉국 먹을 제면/ 젊은 울 어매/ 대낮같이 웃으며 총총 오신다."(「가지냉국」)

 이른 봄 썽그런 방다닥도 노모를 생각게 한다. "보일러 기름 값 아까워 춥게 살던 어매, 전기 장판 뜨시게 하고 지내라 해도, 객(客)이 떠나고 나면 냉골에서 살았지. 썽그런 방바닥 생각이 나면 눈물이 나, …(중략)… 이제 나, 그 집에서 삼동(三冬)을 나네. 봉당에 앉아 텃밭의 삼동초꽃을 보네, 봄이 와도 썽그런"(「썽그런」)

 「입시울가배야운소리」에서는 할아버지가 기거하던 "퇴락한 사랑채, 빛바랜 문풍지"로부터 애타는 그리움이 피어오른다.

 남은 자들은 사람을 보아도 반갑지 아니하고 꽃이 피어도 고운 줄을 몰랐다. 기다리던 사람도 떠나고 기다리던 옛집도 무너졌다. 바람이 전하는 말을 놓고 가던 문풍지, 분절음으로 분명하게 전달하지 못하고 입술과 입술 사이 닿을 듯 말 듯 스치고 가는 소리여. 혼백이 되어서라도 전할 말씀이 있었는가. 퇴락한 사랑, 빛바랜 문풍지에 매달려 울고 가는 입시울가배야운소리

「입시울가배야운소리」 부분

 문풍지가 우는 소리, '입시울가배야운소리'는 가슴 가득 한이 맺혀있는 시인의 작은할아버지가 자신의 보고픈 형님을 부르는 애절한 그리움의 소리이다. 그것은 바람 소리인지 혼백의 울음 소리인지 구분이 되지 않는 그 보이지 않는 경계에서 이승과 저승을 이어주는 소리, 시의 언어이다. 이러한 절절한 그리움을 통하여 안타까움과 연민과 슬픔 속에 감추어져있는 바로 그 사랑

으로 시인의 가슴은 충일해지고 이로써 역설적으로 슬픔은 치유된다. 그 그리움의 언어는 바람소리와 울음소리 사이에, 또는 실재 곧 현실과 무 사이 아스라한 과거 어딘가에 존재하며 삭막한 현재에 새로운 생명을 불어넣어 준다.

한편 「카바이트 불」과 「방(方)」은 오래 전의 지나간 소중한 시간을 일깨워 치유와 회복을 경험케 해준다는 점에서 고향에 대한 그리움의 지평에서 바라볼 수 있다. 「카바이트 불」에서 "저녁에 거리에 나와 오가는 길손을 맞는 카바이트 불빛"은 마치 "가까이서 보는 별"처럼 신비롭고 "사람과 사람을 가깝게 하는 마력"을 지니고 있다. 카바이트 불빛은 그 신비한 마력으로 "옛사람이 시간을 거슬러 활짝 웃으며 찾아"오게 한다. 이렇게 카바이트 불빛은 굳어져 있는 현실을 끊임없이 무화하며 대신 그것을 소중한 사랑의 경험이 되살아나는 존재의 세계로 탈바꿈시켜준다.

「방(方)」에서는 지금은 없어진 종이 편지 위에서 사랑이 피어오른다.

> 손편지로 정의를 드러내고
> 종이에 골똘하던 시절
> 사랑은 종이 위에 있고
> 어버이의 심금을 울려야
> 한 달의 풍요가 결정되던
> 집은 없고
> 세 사는 곳에
> 편지를 부칠 때면

아무개 방 아무개라 했지

방(房)이 아니라 방(方)

방(方)은 모퉁이

…(중략)…

그 방(方)에조차

더부살이 한 적 있다.

「방(方)」 부분

시인은 지인의 셋방에 더부살이 하며 고향의 어버이에게 보내곤 했던 손편지를 통해서 비록 가진 것은 없었어도 사랑 하나로 행복했던 젊은 날의 경험을 반추한다. 진정한 행복은 부(富)라던가 소유와 같은 물질적 가치에 있지 않고 마음과 마음을 하나로 이어주는 사랑에 있었던 것이다. 여기서 시인은 여전히 예리한 언어 감각으로 진정한 행복 곧 "사랑"은 "종이 위에 있"다는 참신한 이미지를 빚어내면서 고향에 대한 시인의 그리움을 "사랑"이란 말로 요약하며 그만의 '간양록'을 쓰고 있다.

3. 귀향, 둘―새로운 삶

"포플러나무 잎사귀가 바람에 귀 씻는 소리를 즐기려네", 이 얼마나 매혹적인 말인가? 그렇다. 귀향을 재촉하는 그 소리로부터 새로운 삶은 무의 지대로부터 서서히 뭉게구름처럼 희미하게 피어올라 이내 또렷해진다.

이제 돌아가려네.
옛집은 이미 없어졌으니
가까운 시냇가에
오두막을 짓고
포플러나무 잎사귀가
바람에 귀 씻는 소리를 즐기려네.
그리고 다섯 이랑 남새를 길러
벌레들과 나누겠네.

「귀향」 부분

벌레들과 나누고 남는 남새는 팔아서 이웃들에게 탁주 한 잔을 낼 수 있다면 그것으로 충분하기에 시인은 "황혼이 오면/ 모자를 벗고/ 어둠의 품에 안겨/ 감사 기도를 드리며/ 고요에 들"어가겠다고 한다. "포플러나무 잎사귀가 바람에 귀 씻는 소리"에 귀 기울이는 것은 자연의 소리 곧 존재의 근원으로부터 울려오는 소리를 듣는 것으로서 귀향을 통해서 펼쳐질 새로운 삶을 표현해주는 하나의 사건이다.

귀향은 무엇보다도 먼저 고향 말에 대한 애정으로써 드러난다.

처음 들으면 싸움하는 것 같다. 고조(高調)다. 투박한 말투 속에 정이 무겁다. 느티나무 그늘에서 중늙은이들이 던지고 받는 우스갯소리는 허허바다 넘실대는 율슬이다. 사람들이 돌아간 밤이면 느티나무는 몸이 흔들리도록 웃는다.

「고향 말」 전문

고향 말에는—누구의 고향이든지—정의 무게가 느껴진다. 거기에는 가족과 이웃의 삶이 고스란히 스며들어 있기 때문이다. 이른바 언어는 존재의 집인 것이다. 모든 개인에게는 각자의 고유한 말이 있으므로 시인에게는 시인의 고향의 말이 오로지 유의미한 것이다. 타인의 말이 아무리 아름답게 보이더라도 내가 사용하지 않는 것이라면 내겐 아무런 의미가 없다. 언어는 존재의 집이므로 언어는 사물에게도 영향을 미칠 수 있다는 가설은 유효하다. 사람과 자연은 교류한다. 요란한 사람들의 말의 향연에 곁에 서있는 느티나무인들 영향을 받지 않을 수 있겠는가. 풍성한 민심에서 풍성한 잎을 자랑하는 나무도 자라날 수 있을 것이다.

시인은 사라져가는 보석 같은 말들을 다시 복귀시킨다. 남새, 복상, 봉당, 정지, 구들장, 군불, 아궁이, 들냉이, 나싱개, 고들빼기, 칼속새, 속곳 등. 이러한 말들은 투박하지만 정겨운 귀향의 언어이다.

「누님」은 이러한 고향의 투박하지만 정겨운 말들로 수놓아진 아름다운 작품이다.

누님이 텃밭에 납시면
들냉이는 웃고

나싱개랑
고들빼기 칼속새는
노랗게 질린다.

한눈에 알아본다.

우리 누님
두 눈이면
저승도 본다.

「누님」 전문

들냉이는 아직 캘 때가 되지 않았거나 이미 쇠해 버린 것인가. 나싱개 고들빼기 칼속새는 캐기에 안성마춤으로 알맞게 자랐다. 그래서 "들냉이는 웃고 나싱개 고들빼기 칼속새는 노랗게 질린다." 이처럼 정겨운 언어로 자연과 일체를 이루는 농촌의 삶을 여유롭고 해학적으로 그려낸 작품은 흔치 않다 할 것이다. 저절로 잔잔한 웃음을 짓게 하는 이 작품은 그 자체로 성공을 거두고 있다.

「감자」, 「무섬소사(小事)」, 「약」, 「그녀의 나팔꽃」, 「복상 한 알」은 인간과 자연의 공존 혹은 자연이 인간에게 미치는 영향과 인간에게 있어서 지니는 의미를 보여준다. 언어가 존재의 집이듯이 우리의 몸 역시 존재의 집이다. 자연과 사물은 몸에 스며들어 인간과 하나가 된다. 사실 이러한 일들은 너무나 당연한 것임에도 불구하고 일상에서 간과되지만, 시인은 시의 '낯설게 하기'를 통해 전면으로 끌어내어 새로이 인식케 한다. 음식을 먹는다는 것은 단지 그 영양분을 섭취하는 것이 아니라 그 사물이 몸 안으로 들어와 몸의 일부를 이루는 것을 의미하는 것이다.

"감자를 캐다가 비가 왔다./ 우울했다./ 날이 개어 다시 감자를 캤다./ 기뻤다." 투박한 단문으로 이어지는 「감자」는 "땀으로 목욕을 하고" "흙투성이가" 된 투박한 농부와 역시 투박한 감자의 감각적 지각을 제시하고 있다. "들로 가는 걸음이 가볍고/ 포실한 감자가 사람들의 입을 즐겁게 할 거란 생각을 했다./ 나는 감자다." "포실한 감자"는 내 몸의 일부를 이룬다. 그것은 흙(자연)과 하나가 되는 농부의 언어이자 원초적 언어이다.

"아흔여섯 호호백발"에도 건강한 시골 생활을 영위하고 있는 한 할머니의 이야기를 그린 「무섬소사(小事)」는 자연과 하나가 되어 살아가는 삶의 건강함을 이야기하고 있다. "무진생이니 아흔여섯 호호백발이나 이도 그대로이고 보청기도 안 끼고 손수 밥 짓고 빨래도 한단다. 마당 빨랫줄에 분홍빛 속곳 한 장 바람에 단풍잎 모양 나풀댄다. 서리 내리면 단풍잎은 무색해질 게다."(「무섬소사(小事)」) "단풍잎처럼 나풀대는 분홍빛 속곳 한 장"은 자연과 하나가 되어 살아가는 삶의 건강함을 해학적으로 제시하고 있다.

"흐르는 물에 씻어 네가 준 까틀복상 한 알/ 지지 않고 가슴에 달려있다."(「복상 한 알」) 오래 전 먹은 "까틀복상 한 알"은 나의 몸 안에 '너'의 사랑과 함께 남아서 나의 일부를 이루고 있다. 마찬가지로 이미 오래 전 어린 시절 잠결에 삼킨 누에의 "정령" 곧 기운은 "약"이 되어서 여전히 나의 몸의 일부를 차지하고 있으면서 침입한 바이러스와 싸운다. "지금도 내 몸에선 누에의 정령이 가끔 침입자들과 싸운다. 그런 날은 땀이 자리를 적셨다."(「약」) 또한 「그녀의 나팔꽃」에서는 옻이 올라 치료된 후 오히려 옻의 기운으로 건강한 몸이 된 한 사례를 통해 자연과 인간은 둘이 아님을 해학적으로 제시하고 있다. "그란디 요상한 것은 거시기에 꽃이 피었다 진 뒤로 병 한번 안 걸렸니더."(「그녀의 나팔꽃」)라고 말하는 아낙에게 있어서 자연은 자신의 일부인 것이다.

「가을볕과 나」, 「급하지 않다」에서 시인은 자신의 "귀향"이 비로소 도피가 아니라 오히려 하나의 절박한 실존적 기투였으며 이제 진정한 자연의 벗이 되었음을 확인함으로써 스스로 긍정하며 뿌듯해 한다.

「가을볕과 나」에서 시인은 "드디어 이렇게 되었다."고 말한다. "드디어 이렇게 되었다." 그것은 사실 예삿말이 아니다. 그 말은 어떤 최종적 완성, 자신이 꿈꾸어 왔던 것의 성취를 말하는 것이다. 그것은 비로소 "고향집 처마 밑 봉당에 앉아 가을볕을 쬐며 벌레 먹은 사과를 잘라 말리고 국화를 돌보고 파릇 돋아나는 쪽파 순을 바라보게" 됨으로써 "가을볕과 나" 자연과 나의 벗의 관계가 완성되었다는 것을 말한다.

드디어 이렇게 되었다. 고향집 처마 밑 봉당에 앉아 가을볕을 쬐며 벌레 먹은 사과를 잘라 말리고 국화를 돌보고 파릇 돋아나는 쪽파 순을 바라보게 되었다. 그리고 고등어를 구워 고양이와 나눈다. …(중략)… 높은 데 오르기 위하여 손바닥 비비지 않은 것, 넥타이를 힘주어 매지 않은 것, 정치인 친구가 없다는 것은 그나마 잘한 일이다. 으스대거나 잘난 척하지 않는다는 건 조금씩 깊어가는 계절에 대한 예의요, 그의 벗이 될 수 있는 밑천이다.

「가을볕과 나」 부분

아울러 세속적 권력과 이른바 출세를 추구하지 않으며 잘난 척하지 않고 은연자중하는 것이 자연을 대하는 예의요 자연의 벗이 될 수 있는 "밑천" 곧 반드시 갖추어야 할 조건이라는 사실에 대한 또렷한 자각을 읽을 수 있다.

「급하지 않다」에서도 세상의 여러 일들은 어서 오라고 "손짓하는 주홍빛 감"의 은근한 유혹 앞에서는 하찮은 것일 뿐이다.

일하러 가는데 전화가 왔다. 통화가 끝나고 생각 없이 그냥 봉당에 앉았다. 햇살이 좋고 닥나무 숲에선 참새 떼가 재재거린다. 구름은 느리게 세상을 구경하고 잎 떨어지는 감나무에는 주홍빛 감이 어서 오라고 손짓한다. 내 일이야 감줄기를 들고 허공과 다투는 것, 승부는 내일 가려도 된다. 게으른 자의 가을 나절은 만금이 싸다.

「급하지 않다」 전문

재재거리는 참새 떼와 느릿느릿 흐르는 구름, 무엇보다도 주홍빛 감의 고운 빛깔과 침이 고이게 하는 잘 익은 과육의 상상, 그것들이 펼쳐지는 게으른 시간은 한낱 세상사들에 비해 천금처럼 값진 것이다.

이처럼 자연과 교감할 수 있는 든든한 밑천이 있으면 더 깊은 자연과의 새로운 관계가 생겨난다. 참새 곤줄박이와도 벗이 되는 사건이 일어나는 것이다. 자못 흥미로운 "뉴스"가 아닐 수 없다.

애인이 생겼다. 닥나무 숲에서 재잘대던 아기 참새 한 마리 처마 밑 봉당에 가끔 온다. 어떤 때에는 어깨에 앉아 겨울볕을 함께 쬔다. 뭐라 뭐라 재잘대는데 내게는 봄이 오는 소리다.

「뉴스」 부분

마치 호랑이과 흑표가 곁에서 아양을 떠는 고대 그리스의 신 디오니소스처럼 시인은 새들과의 교감을 즐기고 있다. 디오니소스는 가시적인 현실 이면의 근원에 있는 원초적인 통일성의 상징적 존재이기 때문에 모든 존재와 하나가 되는 교류가 가능한 것이며, 결국 모든 것이 통일되는 근원적 존재를 꿈꾸며 추구하는 사람이라면 누구든지 자신과 사물의 경계가 무너지고 서로 교류할 수 있게 되는 뜻밖의 사건을 경험할 수 있을 것이다. 그렇게 되기 위해서는 시인처럼 상대에게 마음을 열고 다가갈 수 있는 자세가 갖추어져 있어야 한다. 우체통을 곤줄박이의 집으로 내어주듯이. "우체통이라고 만들었더니/ 곤줄박이가 차지했네. // …(중략)… // 어느새 곤줄박이가 주인이고/ 나도 모란꽃도 감나무도/ 객이 되었네."(「곤줄박이네 집」)

「아침인사」도 곤줄박이와의 사귐에 대한 이야기이다. 추녀 끝에 새장을 달아주었더니 새는 "똥을 갈겨" 고맙다고 화답하고 시인은 곡식과 물을 떠다 새집 근처에 둔다. "그런 그녀는 전깃줄에 앉아" 인사를 한다.

눈 들어 바라본 허공
전깃줄
곤줄박이가 꼬리를 흔든다.

안녕!

「아침 인사」 부분

이러한 사귐은 시인의 말처럼 "곤줄박이의 동무"가 되는, 세상이 모르는 "은밀한 관계"이다.

귀향의 삶을 통해 모든 생명체와 소통하기를 꿈꾸는 시인은 참새 곤줄박이와 같은 야생 조류와의 교감은 물론 적극적 의사 표현이 배제된 식물들과의 소통의 단계에까지 나아간다. 이미 「고향 말」에서는 느티나무와 동네 사람들 간의 소통이 암시되었고, 「누님」을 비롯한 많은 작품들에서도 사람과 자연의 친화를 어렵지 않게 찾아볼 수 있다. 여기서는 「입추」와 「칸나」를 그 예로써 간략히 살펴보고자 한다.

「입추」에서 시인은 '가불한 국화 향기'로 도발하며 독자를 국화의 향기 속으로 끌어들인다.

폭염 끝에 소낙비 한 차례 내리시다. 옮겨 심은 국화 분(盆)에 하늘의 사랑이다. 피기 전 가불한 국화 향기 마당에 그득하다. 구시월 꽃이 피면 벌나비 춤추고 마당은 웃고 나는 잠시 국화가 될 것이다.

「입추」 전문

아직 피어나지는 않았지만 한 차례 소나기에 국화는 향기를 발산하여 마당을 가득 채우고 그 향기는 시인의 온몸을 감싼다. 시인은 구시월 국화꽃이 필 때를 미리 상상하고 있지만, 사실은 벌 나비가 지금 없을 뿐 모든 것은 이미 이루어졌다. 가불은 미리 당겨 '쓰기' 위한 것이 아닌가. 가불한 향기를 온몸으로 느끼며 시인은 지금 "잠시" 국화가 된 것이다. 숨결을 통해 내 온몸 구석구석 침투한 국화 향기로 인하여 나는 지금 잠시 국화로 존재하는 것이다. '꽃이 된 남자'인가. 향기는 나를 부르는 꽃의 몸

짓이다. 내가 꽃에게 사랑한다고 말한다면 꽃은 움찔하지 않을까. 이렇게 꽃과 시인은 교류하며 교감하고 있다.

「칸나」에서 인간과 꽃은 구별이 없어지고 완전한 하나로 변화한다. 일견 기발하고 유쾌한 초현실적 상상으로 보이지만, 인간과 꽃이 사랑할 수 있다는 가정을 해보면 터무니없이 허황된 망상만은 아닐 것이란 생각도 든다.

칸나를 심고 방에 들어오는 순간부터
칸나는 오래전부터 짝사랑하던 소녀였던 것 같고
너무 오래 같이 산 아내였던 것 같다.
그것이 이제 쓸쓸한 내게 와
불을 밝히고자 하는 것이다.
칸나, 하고 부르면
땅속 칸나가 움찔하는 것만 같다.

「칸나」 부분

꽃은 정성과 사랑으로 돌보는 이에게는 첨예한 감각으로만 감지할 수 있을 미묘한 반응을 보낼 수도 있을 것이다. 간절히 짝사랑 하던 그 마음으로, 오래 같이 산 아내에 대한 깊은 정으로 "칸나"를 심고 가꾸면 나의 부르는 소리에 칸나도 과연 움찔하며 반응하지 않을까?

그냥 그 자리에 있어도
마음에 불을 밝히고 다가간다면
나는 내가 아니고

너는 칸나가 아니고

둘이 아닌 것이다.

「칸나」 부분

  그렇다. "마음에 불을 밝히고 다가간다면", 하나의 근원을 공유하는 존재의 우애를 가지고 다가가서 바로 그 존재의 소리로 부른다면 "칸나"는 미묘하게 전해오는 어떤 움직임으로 나의 가슴을 두드릴 수도 있을 것이다. 그렇다면 그것으로 시인의 귀향은 완성될 것이다.

  뭇 사물에 대한 우애와 연민을 통해서 우리는 만유의 저변을 흐르는 통일성의 존재를 감지하고 나아가 그것을 자극하고 증폭시킴으로써 미증유의 새로운 존재의 지평을 열 수도 있을 것이다. 그런 점에서 자연의 사물들과의 소통과 교감 안에서 삶을 변혁하고 있는 시인의 귀향의 삶은 우리에게 의미 있는 새로운 세계와 존재의 가능성을 제시하며 그 길로 나아갈 것을 촉구하고 있다고 말할 수 있다.

시인 조성순

경북 예천군 감천에서 나고 자랐다. 동국대 국문학과를 졸업했고, 1989년 이광웅 김진경 도종환 안도현 등과 교육문예창작회를 창립했다. 2004년 『녹색평론』에 시 「애기복수초」 외를 발표하면서 작품 활동을 시작했으며, 2008년 「산월수제비」로 문학나무 신인상, 2011년 「늑대와 풍란」으로 제12회 교단문예상을 수상했다. 시집 『목침』 『가자미식해를 기다리는 동안』 『그리고 나는 걸었다』 『왼손을 위하여』 등을 펴냈다.

모악시인선 032
닿을 듯 말 듯
입시울가배야운소리

1판 1쇄 찍은 날 2025년 4월 23일
1판 1쇄 펴낸 날 2025년 4월 30일

지은이 조성순
펴낸이 김완준

펴낸곳 모악

출판등록 2016년 1월 21일 제2016-000004호
이메일 moakbooks@daum.net

ISBN 979-11-88071-76-0 03810

값 10,000원

* 이 책의 내용을 재사용하려면 모악과 저자의 서면 동의를 받아야 합니다.